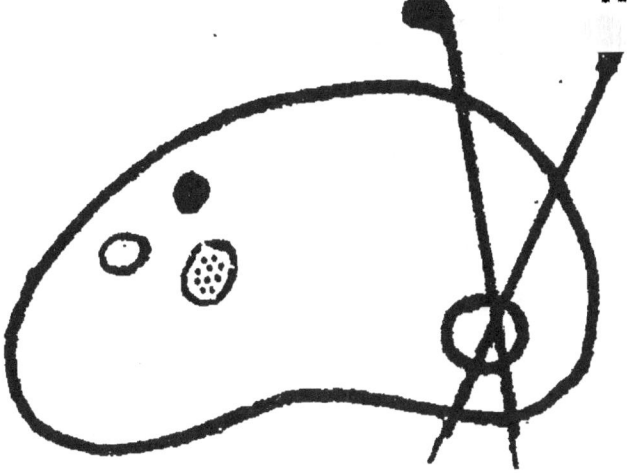

Couvertures supérieure et inférieure
en couleur

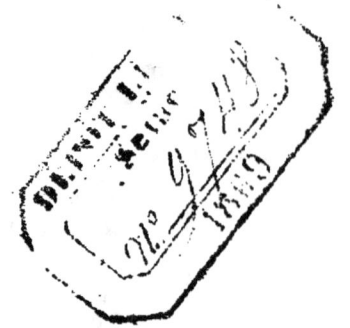

PAUL HUET

ET

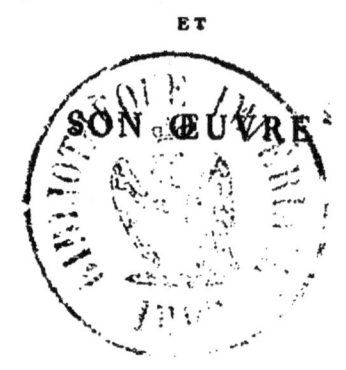

SON ŒUVRE

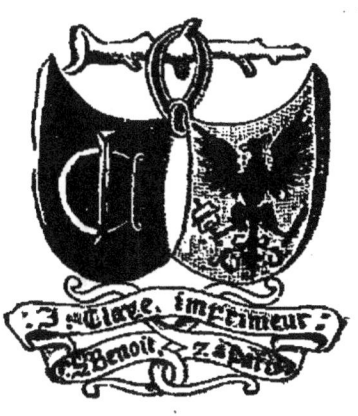

L'eau-forte originale de Paul HUET, qui orne cette notice,
a été imprimée chez M. Salmon, à Paris.

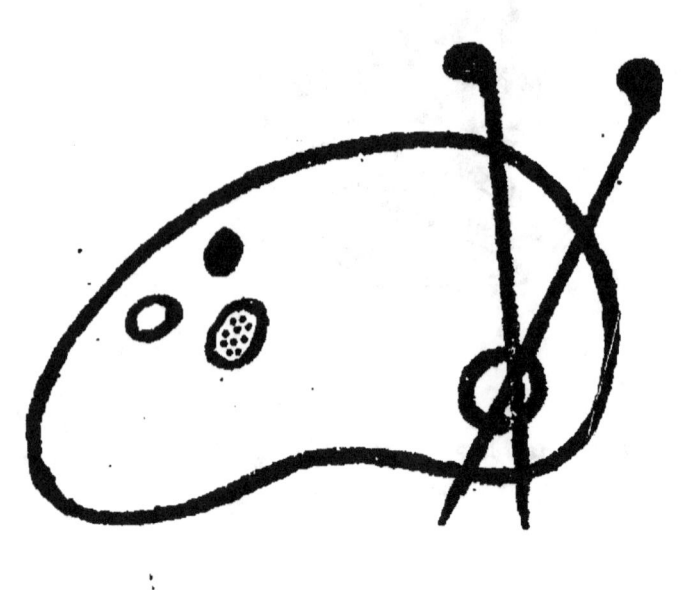

Original en couleur

NF Z 43-120-8

PHILIPPE BURTY

PAUL HUET

NOTICE BIOGRAPHIQUE ET CRITIQUE

SUIVIE DU

CATALOGUE DE SES ŒUVRES

Exposées en partie dans les salons

DE

L'UNION ARTISTIQUE

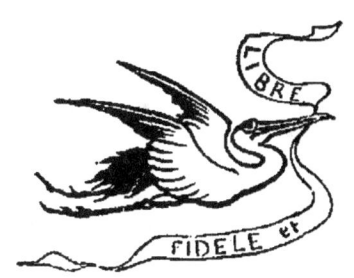

PARIS

PLACE VENDOME, 18

Décembre 1869

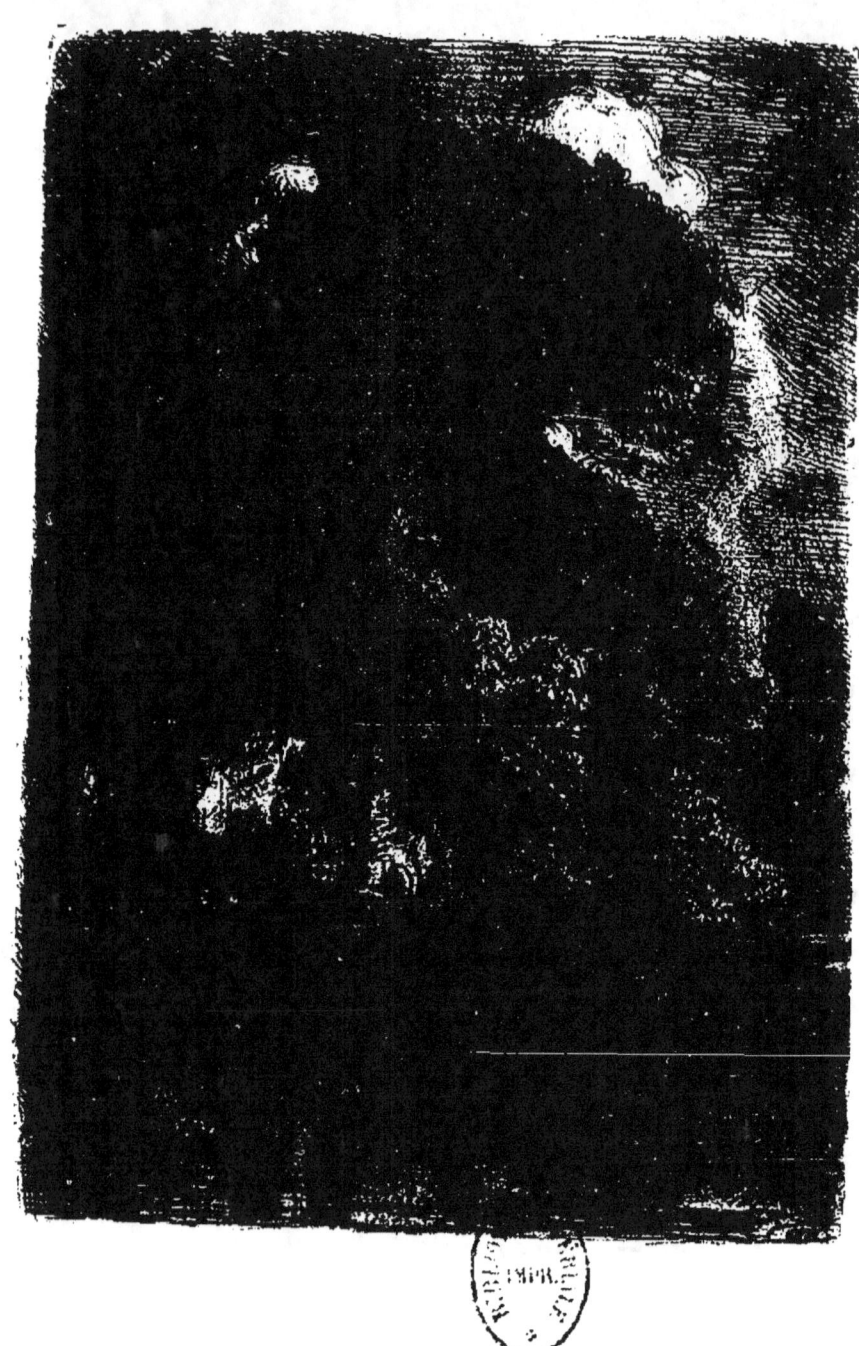

PAUL HUET

———

Les caresses ou la rigueur du foyer pa-
ternel, la rudesse ou la grâce des lieux qui
virent germer et éclore les sourires et les
larmes du poëte ou de l'artiste, impriment
à son œuvre un cachet ineffaçable de con-
fiance ou de révolte, d'attendrissement ou
de sécheresse.

Ce que l'œuvre de Paul Huet a de mélan-
colique et de fier explique ce que suppor-
tèrent son enfance et sa jeunesse.

De même, dans la meilleure des compositions de son âge mûr, on retrouvera l'influence directe de ces études qu'à peine
adolescent il peignait dans l'île Séguin, un

coin de paradis terrestre oublié longtemps tout exprès pour les peintres aux portes de Paris.

L'île Séguin existe encore en pleine Seine, non loin de Sèvres, mais dépouillée de ses grands arbres, tondue, fauchée. Au temps où Paul Huet l'habita, — installé chez un excellent camarade qui essayait aussi la peinture, mais depuis bifurqua, — l'île était hérissée et verdoyante comme une forêt du Nouveau Monde. La nuit, les maraudeurs venaient en scier les arbres, et les braconniers y tendaient des collets. Quand les chiens de garde aboyaient, il fallait se lever, prendre un fusil, et faire au clair de lune une ronde qui d'ordinaire n'inquiétait que les poulains mêlés aux vaches dans les prés plantureux. Alors Huet ne rentrait plus se coucher, tant c'était étrange, aux équinoxes, de voir la lune courant affolée derrière les paquets de nuages blancs, ou, l'été, la Seine s'embrasant au feu des éclairs... Le jour, il marchait au milieu de décors plantés pour un opéra surhumain : les rayons du soleil pleuvant en chaude averse au cœur des clairières, la lumière mourant après mille combats au fond d'une allée basse, les hêtres rappelant les pâles colonnes parées de lierre d'un temple élyséen, les ronces, les églantiers, les viornes, les vignes vierges défendant l'approche de la berge, et puis les horizons fermés par la futaie en pente de la lanterne de Diogène, à l'automne, rousse comme une fourrure de fauve ; et le soir, se glaçant d'outremer et de violet.

A chaque crue d'orage, la Seine débordait, envahissait les allées du parc de Saint-Cloud, et l'inondation posait, fluide et silencieuse, son miroir magique au pied des arbres. Ceux-ci, plongeant dans une terre humide et grasse, s'élançaient en bouquets hardis, étendaient leurs branches longues et souples, étalaient leur feuillage sain et clair.

Tels sont les arbres de l'Angleterre.

Aussi l'analogie entre la peinture anglaise de paysage et les études que fit Paul Huet dans l'île Séguin, de 1820 à 1822, est-elle frappante. Le rapprochement jaillit, évident et logique, de la recherche instinctive ou plutôt de la présence continue de motifs et d'effets analogues. C'est, de part et d'autre, ce que l'on pourrait appeler de la peinture d'insulaire[1]. Il faut bien constater qu'il n'a pu avoir pour premiers modèles les peintures de Constable, de Fielding, de Reynolds et des autres, puisqu'elles ne vinrent en France qu'à l'occasion du Salon de 1824. Il emprunta à Bonington qui, lui, ne faisait guère que des marines et des plages, l'éclat mouvant des nuages blancs épandus dans un ciel très-bleu. Plus tard il s'éprit des belles gravures à la manière noire, d'après Constable et Turner, et les copia avec soin à l'estompe ou au crayon. Mais les premières influences lui vinrent des Rubens et des Rembrandt du Louvre.

Paul Huet peignait avec une sorte de reconnaissance passionnée cette île qui lui offrait un si doux temps de repos actif, de liberté idéale. Il venait de perdre son père

---

1. Je tiens à poursuivre ce rapprochement, et je prie les amateurs de comparer les eaux-fortes de M. Seymour Haden à celles de Paul Huet, qui, de trente ans antérieures, semblent être des ancêtres de la famille.

qu'il affectionnait beaucoup. Né à Paris, le 3 octobre 1804, il était arrivé, fruit tardif et mal accueilli, vingt ans après ses autres frères et sœurs. La nature réserve à ces retardataires innocents un tempérament mal équilibré, mais un système nerveux plus délicat; aussi la vie leur est-elle le plus souvent douloureuse.

Il connut à peine sa mère. A sept ans, à ce moment où la maison doit être une cage souriante et bénie, on le jeta dans cette geôle qu'on appelle une pension. Il suivit jusqu'en seconde les cours des lycées Henri IV et Bonaparte. Il faisait, paraît-il, de bons vers latins, trop bons même, car son père parla de le pousser à l'École normale. Il eut peur de l'enseignement et demanda, tout effaré, à entrer dans la vie par telle autre porte que ce fût.

Ce qu'il aimait avant tout, c'étaient les images. Ses jours de congé se passaient sur les quais du Louvre à fouiller ces cartons qui furent, jusqu'au jour où l'Édilité les balaya comme un colis encombrant, le Cabinet des estampes des artistes et des rêveurs. Il s'oubliait devant les Géricault et les Charlet[1] suspendus à la ficelle des étalagistes du boulevard. Un dessin, un paysage de Rembrandt, sur la marge duquel il avait déchiffré ces mots singuliers : « *Tacet, sed loquitur* », l'avait frappé à ce point que, dans sa vieillesse, il eût pu le peindre de souvenir.

Et ce trait est à noter; il appartient à la série de ces curiosités singulières, de ces ardeurs indéfinies qui, aux approches des révolutions, agitent les esprits sensibles. Le classique régnait alors sans réserve. Rembrandt était ou oublié, ou conspué, ou exorcisé. Mais quelques jeunes gens lisaient avec passion Jean-Jacques, Bernardin de Saint-Pierre, Chateaubriand, Schiller, Gœthe, Shakspeare même. Des émotions nouvelles allaient exiger en peinture comme en littérature des modes nouveaux d'expression. Le Romantisme naissait. Huet, dans les der-

---

1. Je lis dans le testament d'Eugène Delacroix : « Je lègue à MM. Carrier, Huet, Schwiter et Chenavard toutes mes esquisses de Poterlet et les dessins de M. Auguste. — A M. Huet, toutes mes lithographies de Charlet. »

niers temps de sa vie, racontait volontiers la surprise et le tremblement qui le prirent en face des premiers envois de Géricault, le *Guide*, le *Naufrage de la Méduse*. Il ne pouvait se détacher de ces peintures qui contrastaient violemment avec la sagesse étriquée des maîtres en vogue. « Tu ne seras jamais qu'un petit Vanloo, » lui disaient avec mépris ses camarades de l'atelier Guérin. Quand, avec son camarade Commayras, ils échangeaient tout haut leurs admirations pour les paysages de Rubens, on les regardait avec une certaine anxiété. « Ce sont des fous furieux », murmuraient les bons élèves.

A la mort de son père, marchand de toiles ruiné par la débâcle des assignats et qui n'avait pu reconstruire sa fortune sous l'empire, Paul Huet était si gêné qu'il quitta l'atelier de Gros faute de pouvoir solder sa cotisation mensuelle. On l'avait mis d'abord chez un obscur élève de David qui, pendant deux ans, lui enseigna l'art des hachures et du grené doux, d'après les figures de Lemire. Ce professeur composait aussi des modèles pour le papier peint. Il voulut prendre le jeune Paul comme apprenti; mais celui-ci, ayant résisté, fut renvoyé et traité de monstre d'ingratitude.

Je trouve son nom, en 1822, dans la liste des élèves de Gros publiée par M. Delestre. Gros inspirait à ses élèves une admiration sans bornes. Mais Paul Huet éprouva cruellement les retours de cette âme molle et de ce caractère vaniteux. Un jour Gros passe derrière lui, regarde son académie, s'arrête, et à haute voix la déclare excellente : « Quel est votre numéro de réception à l'École des beaux-arts[1]? — Monsieur, je suis exclu du concours comme trop faible. — Pourquoi diable aussi faites-vous des jambes trop courtes? » s'écrie Gros humilié dans son amour-propre de professeur, et repoussant brusquement le carton du naïf garçon, que navra cette brusque et brutale évolution.

Paul Huet entra chez Pierre Guérin. L'atelier ferma six mois après. Eugène Delacroix, dont il devait plus tard devenir l'ami, en était déjà sorti.

---

1. Paul Huet figure sur les registres de l'École comme y étant entré le 23 septembre 1820.

A ce moment, nous l'avons dit tout à l'heure, Huet quitta les ateliers et peignit d'instinct le paysage. Dans les annés qui suivirent, il sortit de sa chère île Séguin, battit les environs de Paris et s'enfonça dans les fossés de cette forêt de Compiègne, où, quelques années plus tard, devait l'aller rejoindre Théodore Rousseau, encore presque enfant.

Une de ses franches études tomba un jour sous les yeux d'Eugène Delacroix, qui demanda à ce que l'artiste lui fût présenté, le félicita chaudement et l'épaula de ses relations. J'ai vu cette étude. C'est une lisière de bois dans la forêt de Saint-Cloud. Le soleil descend derrière les arbres, et darde mille traits d'or aveuglants. L'effet est déterminé. Les masses sont hardiment indiquées et détaillées avec le soin d'un artiste qui sait planter un bonhomme, attacher un membre, suivre le jeu d'un muscle. Les arbres sont longs, trop longs même, comme ces figures de la Renaissance qui comptent un trop grand nombre « de têtes. » Cette exagération dans la sveltesse des troncs, dans l'allongement des branches, ou dans l'élévation des murs de feuillage est la caractéristique de l'œuvre de Paul Huet; les ormes vont jusqu'à ressembler à des pins d'Italie de Watteau. Mais s'il voyait trop grand, il faisait poétique; d'autres, de nos jours, voient plus exact, mais ils font commun.

Ces premières études marquent également une tendance à opposer les ombres bitumineuses aux parties claires qui lui fut si souvent reprochée et qui semble un trait d'étroite parenté avec l'école anglaise. Mais on y doit voir surtout une imitation malhabile des feuillés roux de Rubens ou de Van Dick. De même pour les terrains frottés de glacis trop chauds.

Huet, faisant cela, était de parfaite bonne foi. Il y était conduit par son sentiment plus que par ses raisonnements. Il ne visait point sciemment à l'effet, à l'artificiel. Il était de ces natures extra-sensitives que le *frigus opacum* des grands bois remplit d'une terreur sacrée, que les approches d'un orage énervent, accablent ou surexcitent jusqu'à la névrose. Les « effets » dans la nature le frappaient profondément. Il les exagérait volontiers. Ainsi les ciels d'orage écrasent souvent ses plaines, ses montagnes et ses océans. Au lendemain de sa mort, M. Michelet a écrit ces lignes exquises : « Il était né triste, fin, délicat, fait pour les nuances fuyantes, les pluies par moment soleillées. S'il faisait beau, il restait au logis. Mais l'ondée imminente l'attirait, ou les intervalles indécis, quand le temps ne sait s'il veut pleuvoir. Une femme a bien dit : « Nul « n'a eu plus le sens des pleurs de la nature. » A certains jours, mélancolie profonde. »

Parfois, je le répète, — et ses contemporains eux-mêmes en furent frappés, — sa palette trahit son intention.

Dans ses dernières années, visiblement dégagé de toute préoccupation, il parut s'appliquer à peindre plus clair, plus souple. Au point de vue de ce que j'appellerai la douce sonorité des tons, son dernier tableau, cette grande toile qu'il achevait le jour même où l'apoplexie le frappa, est la plus parfaite peut-être de son œuvre.

Le jeune paysagiste fut vite connu et estimé des artistes militants. Il donnait pour vivre des leçons de dessin. Il dessinait au crayon ou peignait des portraits ; j'ai vu celui d'un jeune cousin et celui de sa propre nièce, qui fut sa première femme[1] : ils sont d'une délicatesse singulière. Il dessinait des vignettes et des essais de lithographies. Mais tout le reste du temps était jalousement réservé à l'art. De ces années (1826) date une maison de garde sur la lisière de la forêt de Compiègne où se révèlent, sinon dans l'ensemble, au moins dans la partie confuse, des taillis et dans le ciel, des qualités de composition et de coloris alors purement révolutionnaires.

Il exposa chez les marchands, puis au musée Colbert, des toiles qui furent bien accueillies du public. Il envoya au Salon de 1827 une *Vue des environs de La Fère*, dont la critique ne parla point, mais qui cependant ne passa point inaperçue.

C'est de ce moment que doit dater l'éner-

1. Cette jeune femme, qu'il perdit à Nice en 1839, a exposé au Salon de 1837 un paysage : *Vue de l'Église de*

gique composition des *Moulins à vent*. N'est-ce pas dans ce coin des environs de Paris appelé la Glacière qu'il a saisi ce pittoresque rendez-vous de moulins, ces terrains ocreux, cette mare, ce ciel léger, profond, aérien? Au point de vue de la combinaison des lignes et de la solidité de la couleur ce tableau est un des meilleurs de sa jeunesse. Peut-être est-il très-antérieur à l'époque que je lui assigne. En tous cas, il a précédé les Decamps. On y sent l'influence de Bonington.

Il était pauvre encore. Les privations lui valurent une gastrite qui le tortura pendant dix ans. Il en reçut cette indélébile empreinte d'anxiété particulière aux êtres qui ont été longtemps face à face avec la Mort. Il avait littéralement failli mourir de faim.

Dans les derniers mois de 1829, il fit pour le Diorama Montesquieu, — lequel devait s'ouvrir sous les auspices de la duchesse de Berry et fut inauguré par le roi Louis-Philippe, — une *Vue de Rouen*, et une *Vue du Château d'Arques* de quarante pieds de déve-

Criquebeuf, près Honfleur. Elle a aussi peint des natures mortes et des intérieurs.

loppement. Cette vue panoramique, saisie par des créanciers, fut brûlée dans l'incendie de la Gaîté ; il n'en reste qu'une réduction qui appartient au musée de la ville d'Orléans. On lui offrit de peindre des décors, ce que sans conteste il aurait supérieurement réussi, mais ce qui, à son sens, l'aurait détourné de son but. Il résista avec cet entêtement raisonné et loyal, patient et invincible, qui fut le trait le plus marqué de son caractère.

A l'exposition, plus que semi-officielle, faite dans les galeries de la nouvelle Chambre des Pairs, au profit des blessés de 1830, il prêta une *Vue de Saint-Germain* et l'*Intérieur d'une forêt un jour de fête.*

Quelques mois après, à propos de ce Diorama Montesquieu dont nous parlions à l'instant, le journal *le Globe* (23 octobre 1830) publiait « sur Paul Huet » cet article important à tous égards de M. Sainte-Beuve.

« ....Nous ne reviendrons aujourd'hui que sur l'impression que nous ont causée les deux paysages de M. Huet, celui de la ville de Rouen tout entière prise du haut du Mont-aux-Malades, et celui du château d'Arques en particulier.

« Nous avions déjà vu deux ou trois paysages de M. Huet exposés à la galerie Colbert, et dans tous un même caractère nous a frappé, à savoir l'intelligence sympathique et l'interprétation animée de la nature. L'homme ne joue guère de rôle dans cette manière d'envisager les lieux et de les reproduire ; le groupe d'usage n'y est pas ; la pastorale et l'élégie y sont sacrifiées ; point de ronde arcadienne autour d'un tombeau ; point de couples épars, et de nymphes folâtres, et d'amours rebondis ; point de kermesse rustique, de concert en plein air ou de dîner sur l'herbette ; pas même de romance touchante, ni de chien du pauvre, ni de veuve du soldat. C'est la nature que le peintre embrasse et saisit ; c'est le symbole confus de ces arbres déjà rouillés par l'automne, de ces marais verdâtres et dormants, de ces collines qui froncent leurs plis à l'horizon, de ce ciel déchiré et nuageux ; c'est l'harmonie de toutes ces couleurs et le sens flottant de cette pensée universelle qu'il interroge et qu'il traduit par son pinceau. A peine si çà et là, le long de quelque rampe tortueuse d'un coteau lointain, on aperçoit, pareil à un point noir, un voyageur qui gravit. La nature avant tout, la nature en elle-même et avec toutes ses variétés de collines, de pentes, de vallées, de clochers à distance ou de ruines ; la nature surmontée d'un ciel haut, profond et chargé d'accidents, voilà le paysage comme l'entend M. Huet ; et son exécution répond à cette pensée. De larges teintes, une plénitude de ton qui pousse à l'impression de l'ensemble, des ondées de lumière et d'ombre ; des nuances uniques dans l'épaisseur des feuillages et dans la profondeur des lointains, nuances devinées et pressenties, qu'un œil vulgaire ne discernerait pas dans la nature ; qui ne se révèlent qu'à la prunelle humide de larmes, et qui nous plongent en de longues et ineffables rêveries durant lesquelles nous nous mêlons à l'âme du monde. Hoffmann, en son admirable conte de *l'Église des Jésuites*, à l'endroit où le peintre Berthold, ce pauvre génie incomplet,

s'épuise dans ses paysages à copier textuel-
lement la nature, introduit à son côté un
petit Maltais ironique, espèce de Méphisto-
phélès de l'art, qui lui frappe sur l'épaule
et lui donne de merveilleux conseils. On
dirait que M. Huet en a profité d'avance.
Voici le passage : « Saisir la nature dans
« l'expression la plus profonde, dans le sens
« le plus intime, dans cette pensée qui
« élève tous les êtres vers une vie plus
« sublime, c'est la sainte mission de tous
« les arts. Une simple et exacte copie de
« la nature peut-elle conduire à ce but? —
« Qu'une inscription dans une langue étran-
« gère, copiée par un scribe qui ne com-
« prend pas et qui a laborieusement imité
« les caractères inintelligibles pour lui, est
« misérable, gauche et forcée ! C'est ainsi
« que certains paysages ne sont que des
« copies correctes d'un original écrit dans
« une langue étrangère. — L'artiste initié
« au secret divin de l'art entend la voix de
« la nature qui raconte ses mystères infinis
« par les arbres, par les plantes, par les
« fleurs, par les eaux et par les montagnes.

« Puis vient sur lui, comme l'esprit de Dieu,
« le don de transporter ses sensations dans
« ses ouvrages. Jeune homme ! n'as-tu pas
« éprouvé quelque chose de singulier en
« contemplant les paysages des anciens maî-
« tres ? Sans doute tu n'as pas songé que les
« feuilles de tilleuls, que les pins, les pla-
« tanes, étaient plus conformes à la nature ;
« que le fond était plus vaporeux, les eaux
« plus profondes ; mais l'esprit qui plane
« sur cet ensemble t'élevait dans une sphère
« dont l'éclat t'enivrait. » Or, c'est précisé-
sément cet esprit d'ensemble qui respire
dans les paysages de M. Huet et en fait des
ouvrages tout à fait originaux auprès de tant
d'autres paysages maniérés, superficiels et
factices ; de lui aussi on peut dire en ce
sens qu'il a entendu la voix de la végétation,
et qu'il lui a été donné de comprendre le
génie des lieux.

« Si nous revenons maintenant à la vue
de la plaine et du château d'Arques, qui
nous a suggéré tout ceci, nous y trouverons
une application heureuse de cette faculté
de paysagiste expressif et intelligent. Rien

sur le premier plan, hormis quelques vêtements laissés : une blouse, des instruments de travail, une chèvre couchée auprès; puis au premier fond, derrière le monticule du premier plan, une espèce de ravin fourré d'arbres, et, dessous, quelque paysan qui sommeille; plus haut, la côte du château, blanche, nue, calcaire, avec les ruines sévères qui la couronnent; mais à droite, cette côte blanche s'amollissant en croupes verdoyantes, souples, mamelonnées, et au sommet de l'une de ces croupes, des génisses qui paissent, et un rayon incertain de soleil qui tombe et qui joue. A gauche, au pied de la montée, commence la plaine; le village est là avec son enclos de verdure et sa flèche qui domine; on distingue en avant les sillons des pièces labourées et les plans potagers des jardins; mais au delà du village la plaine fuit en s'élargissant; les fermes et les enclos s'y effacent; la rivière y serpente comme un filet; le ciel est voilé, bien que spacieux, et de grands nuages échevelés le parcourent, venus de l'Océan; partout çà et là il est crevé en azur, et quelque rayon effleure par places le lointain de la plaine; une fumée montante anime le fond et se détache en tournoyant sur l'uniformité bleuâtre des horizons redoublés qui se confondent avec le gris plus foncé des nuages. Oh! c'est bien là, du côté de la Picardie et près de la mer, cette Normandie grasse et féconde, ouverte et reposée, sans beaucoup d'éclat, sans transparence, mais non sans beauté ni sans grandeur. C'est bien elle avec ses ruines sévères, son ciel variable, sa forte terre de labour et sa végétation ni folâtre ni sombre, mais un peu uniforme dans sa verdure; c'est bien la plaine d'Arques avec ses souvenirs de Henri IV et de sa petite armée valeureuse, armée plus serrée et solide que brillante, sur laquelle la soie et l'or se voyaient moins que le fer; héroïque tous les matins à la sueur de son front, et combattant pour un but lointain, mais sans perspective trop sereine [1]. »

On comprend qu'après un article aussi

[1]. Dans *le Globe* du 12 octobre 1830. Cet article a été réimprimé récemment dans les Portraits contemporains, précédé d'une note très-sympathique à Paul Huet.

vif et portant aussi juste, dans un journal qui réunissait alors dans sa collaboration l'élite des jeunes talents, Paul Huet pût marcher vers la réputation d'un pas plus rassuré.

Le Salon de 1831 vit son premier succès. Il y avait mis quatre aquarelles et neuf toiles. Il fut du premier coup [1] déclaré par Gustave Planche, « avec M. de la Berge, à la tête d'une nouvelle école de paysagistes, dont les principes et les habitudes ne sont pas encore nettement établis, mais qui doit inévitablement renverser MM. Watelet, Bertin et Bidault... M. Huet veut surtout traduire ses impressions personnelles et intimes. Dans la pensée de l'artiste, la nature extérieure n'est poétique et grande, capable de saisir et d'attacher, qu'à la condition d'être aperçue par masses et par lignes tellement distribuées et coordonnées ensemble, que les unes soient éteintes et sacrifiées, les autres éclatantes et enrichies au profit d'un effet voulu. Il répugne aux

1. Salon de 1831, par M. Gustave Planche. Un vol. in-8, avec bois.

détails; il néglige à dessein et en vue d'une intention plus haute ce qui, dans la vie et dans les spectacles de tous les jours, nous frappe médiocrement ou ne produit sur nous qu'un effet mesquin et prosaïque. »

A. Jal, moins indulgent, dans ses *Ébauches critiques*, faisait, sans trop insister, allusion « au pastiche de Constable et de Watteau. » Planche aussi faisait ses réserves, mais pour des toiles de moindre importance telles que la *Vieille abbaye, au soleil couchant, située au milieu des bois;* qu'il traitait « du plus beau, du plus vrai paysage du Salon. » Et il ajoutait : « ici l'abus est bien près de l'usage. ».

Où sont ces *Vues* prises dans le Soissonnais et dans la Normandie, qui, avec celles de Bonington, de Flers, de Cabat, de Dupré, de Rousseau, nous révélèrent l'admirable paysage de la France du Nord et les derniers vestiges de notre architecture civile du Moyen Age et de la Renaissance? Que sont-ils devenus ces tableaux qui excitaient l'enthousiasme et les amères négations? car c'est à partir de ce Salon que Delescluze

commença, dans les *Débats*, contre les meilleurs morceaux de Paul Huet son acharnée
et impuissante campagne. Nous signalons
plus loin la trace de quelques-uns dans la
notice des Salons.

Le *Cavalier* figure au livret de 1831 sous
le titre d'un *Orage à la fin du jour*. Il para-
phrasait ces vers de Victor Hugo :

> Voyageur isolé qui t'éloignes si vite,
> De ton chien inquiet le soir accompagné,
> Après le jour brûlant quand le repos t'invite,
> Où mènes-tu si tard ton cheval résigné?

Certes, le peintre a fidèlement traduit le
poëte : le soleil baisse, l'air est lourd, des
souffles viennent par ondées secouer la
cime des arbres. Le voyageur se courbe sur
le col de son cheval et serre les plis de son
manteau. Le petit pont franchi, à l'angle
de ce grand bois, au bout de la longue
plaine marécageuse qu'il côtoie, apercevra-
t-il la fumée de l'auberge ou les tuiles
rouges de son toit? Arrivera-t-il avant la nuit?
au moins avant l'orage? Oui, on se demande
tout cela, et le peintre vous entraîne dans

le pays qu'il a rêvé. Mais cela est un peu tendu, un peu mélodramatique, l'épisode l'emporte trop. Et là, Huet est encore un romantique de la première heure. Rousseau, Dupré, Corot viendront plus tard, qui, développant le sens précis du conseil donné sous forme de louange par M. Sainte-Beuve dans son article du *Globe,* chasseront l'homme de la représentation des effets ou des sites, ou, pour mieux dire, le noieront *comme* un atome dans la splendeur rayonnante de la Nature.

En cette même année 1831, le ministre de l'Intérieur, M. de Montalivet, cédant aux réclamations que soulevaient la décadence de l'école de Rome et l'intolérance de l'Institut dans le jugement des concours, publia cet arrêté : « Il sera formé une commission chargée de nous faire un rapport sur les modifications qui pourraient être apportées aux règlements de l'École royale des beaux-arts et de l'Académie de France à Rome; sur le mode de jugement qu'il conviendrait d'adopter pour le concours entre les artistes, et enfin sur les rapports qui doivent exister entre les deux établissements susdits et la quatrième classe de l'Institut. » Les articles 3 et 4 contenaient la nomination des membres de la commission. L'article 5 était conçu en ces termes : « La commission entendra toutes les réclamations et recevra tous les mémoires qui lui seront adressés par les personnes étrangères à sa composition. »

Eugène Delacroix (il était de la commission) publia une lettre dans *l'Artiste*, et Paul Huet envoya également son avis à ce journal, tout nouvellement fondé par M. Ricourt.

Dans ces « Notes adressées à MM. de la Commission », Paul Huet se montre violemment hostile à l'École des beaux-arts, à ses principes, à son influence et en particulier au prix de Rome : « Le Beau dans l'art écrit, enseigné, perpétué, invariable, est un abus qui n'a pas besoin de commentaires... Pour obtenir de grands travaux, il a fallu jusqu'à présent passer par les succès d'Académie... » Puis il se déclare nettement pour les expositions annuelles : « Le public, plus exercé, deviendra meilleur juge du talent... Là les artistes donnent réellement le résultat de leur savoir-faire en se livrant aux genres auxquels ils se croient appelés... » Il propose « un jury nommé par les artistes ayant déjà exposé. Composé de soixante membres ayant tous plus de trente ans, il désignerait le tableau le plus remarquable, n'importe dans quel genre, dont l'auteur, qui ne devrait pas avoir plus de trente ans, recevrait un prix de 12,000 fr. »

Les notes du jeune paysagiste paraissaient alors de pures utopies. On voit par ce qui se passe aujourd'hui que, depuis 1831, elles ont fait du chemin dans le monde officiel.

En 1832, il signe avec Decamps, Ary Scheffer, Ingres, Gros, Dupré, Barye, David, Cabat, et autres, une pétition au roi dont les considérants sont fort curieux « pour que l'exposition ait lieu du 1er novembre au 1er février, et non plus pendant l'été, où Paris est vide. »

Le Salon de 1833 vit son triomphe le plus complet. Paul Huet reçut une médaille de deuxième classe. Il s'était conquis, par la loyauté de son effort, les sympathies ou du moins le respect de ses adversaires, sauf toujours Delescluze, qui fut implacable. Charles Lenormant [1] signalait et décrivait la *Vue de la ville de Rouen,* « remplie des qualités les plus remarquables... Dans ce tableau M. Huet s'est laissé préoccuper de la pensée de faire valoir les monuments aux dépens des habitations particulières ; c'est là l'idée poétique de Rouen ; mais ce n'est pas l'aspect vrai de cette ville quand on se place de manière à avoir devant soi les maisons du faubourg Cauchois. Mais ne ressort-il pas de l'esprit même de la composition que l'artiste n'avait pas prétendu s'astreindre à « l'aspect vrai... » ? Les autres tableaux étaient particulièrement pris dans les taillis et les hautes futaies de cette verte forêt de Compiègne à laquelle ne succéda, pour les artistes, que bien plus tard celle, plus sauvage, de Fontainebleau.

En 1834, à la suite d'un voyage dans le Midi, il exposa une *Vue générale d'Avignon et de Villeneuve-lès-Avignon.* Il en a gravé

---

1. *Les Artistes contemporains,* t. II, p. 97. Salon de 1833.

une eau-forte très-cavalière et très-lumineuse pour le *Musée,* critique du Salon de 1834 par Alexandre Decamps, le frère du peintre. « La routine ne développe guère l'intelligence, écrivait A. Decamps, ce qui explique peut-être pourquoi le paysage historique est depuis longtemps d'un intérêt si faible et d'une exécution si défectueuse; tandis que l'introduction dans la peinture d'un sentiment nouveau, d'une nouvelle manière d'appliquer la palette à l'imitation des formes et des effets de la nature, a ému tous les jeunes talents et les a entraînés dans la voie nouvelle qu'un homme, jeune comme eux, a ouverte il y a quelques années. C'est à M. Paul Huet qu'appartient la première tentative faite dans cette partie de l'art. C'est lui qui a donné la première impulsion... Sa *Vue d'Avignon,* ajoutait-il, est d'une touche un peu molle, surtout dans les premiers plans; mais il règne encore dans ce tableau une lumière, une profondeur d'air et d'horizon que *nous n'avons* trouvées dans aucun autre paysage à un semblable degré. » Alexandre Decamps fait ensuite le plus vif éloge de ses eaux-fortes.

La simplicité voulue des premiers plans,
— cette loi d'optique, dont l'application
dans l'art du tableau est si logique, puisqu'il est constant que notre œil ne peut
voir à la fois les objets à distance et à nos
pieds, — est, parmi les conquêtes de l'école
romantique, celle que le public et la haute
critique ont eu le plus de peine et ont mis le
plus de temps à comprendre et à accepter.

Pour suivre Paul Huet dans la série de ses
travaux, il nous faudrait passer en revue,
tâche impossible, tout ce qui a pris place
dans les galeries particulières ou dans les
musées de province. Nous avons dû nous
borner à signaler ce qui fut remarqué, et
nous avons donné très-impartialement la
note du jugement de ses contemporains.

Il eut moins à se plaindre que tels autres
de ses pairs de la sévérité d'un jury exclusivement composé de membres de l'Institut, veillant jalousement à la porte des
expositions publiques. Cependant il fut
refusé deux ou trois fois, notamment en
1835 et en 1845. En 1859, exempt de droit,

par les conditions du nouveau règlement, il envoya quinze toiles d'un seul coup. Ce fut sa seule vengeance.

L'année 1838 doit nous arrêter. Sa *Grande Marée* lui valut un de ses plus notables succès de peintre auprès du public et de la critique. Il termina sa grande eau-forte des *Sources du Royat,* et l'éditeur Curmer fit paraître un *Paul et Virginie* « illustré » (le mot était nouveau alors) par ses bois les mieux réussis.

Passons rapidement en revue ses lithographies, ses eaux-fortes et ses bois. On en trouvera plus loin le catalogue complet et détaillé.

Curieux de tous les moyens nouveaux, admirateur passionné des lithographies de Géricault, de Charlet, de Bonington, de Delacroix, Huet avait tenté, dès 1825, de dessiner sur pierre. Il croqua sur des feuilles en largeur des séries très-variées de caprices, de paysages, de marines, de petits personnages ; cela s'appelait des *Macédoines.* Elles parurent en même temps (1827) à Paris et à Londres. On y trouve, à l'état embryonnaire, plusieurs des compositions

qu'il peignit depuis. Surtout des souvenirs
de ses courses en Normandie et en Picardie.

Cette même année, pour les mêmes éditeurs, une autre suite de douze *Paysages*
en largeur fut imprimée par l'excellent
lithographe Motte, avec un velouté dans
les noirs, une finesse dans les demi-teintes,
un éclat dans les coups de jour qu'on n'a
point dépassés. Ce sont de vrais chefs-
d'œuvre. — Dans les *Huit sujets de paysage*
qui eurent pour éditeurs les frères Gihaut,
la liberté du crayon, l'habileté du grattoir
qui accentue les lumières, la largeur de
l'effet décoratif dans un espace très-res-
treint, rappellent Bonington [1] et sont d'es-
sence plus française. — En revanche, les
Six marines lithographiées d'après nature, en
en 1832 sont plus nettes mais d'une exécution moins originale. Huet a toujours
eu avantage à se rappeler. L'étude directe
de la nature le gênait visiblement, de même
que tous les romantiques, qui n'interro-
geaient pas en greffiers, mais en poëtes.

1. Il l'avait connu à l'atelier Gros. Il l'accompagna, l'année de sa mort, jusqu'à Rouen.

Huet, nous l'avons dit, avait exposé quelques eaux-fortes en 1834. Elles étaient détachées d'un cahier de six planches mis en vente chez Rittner et Goupil et de dimensions adoptées rarement par les aquafortistes, même les plus habiles. Elles tiennent une place importante dans l'œuvre de Paul Huet. Elles indiquent avec quelle ardeur, avec quelle application, avec quelle intelligence aussi l'esprit romantique poussait ses fidèles à tenter toutes les voies. Depuis bien longtemps, depuis les dernières années de vie artiste au XVIIIe siècle, l'eau-forte avait été abandonnée en France. L'école de David n'y pouvait songer. Vers 1820, toute tradition du procédé était perdue, et Eugène Delacroix m'a écrit un jour que c'était un graveur anglais établi à Paris vers 1825, Reynolds, qui lui avait enseigné à faire mordre les rares essais sur cuivre qu'il tenta.

L'entreprise était donc à son temps originale et hardie. Le succès fut complet. Après quelques essais qui ne sont même pas sans valeur, il s'arrêta à un système de coups de pointe menus, rapprochés, donnant, selon la force de la morsure, des noirs très-intenses ou des gris très-tenaces, et renforcés de travaux de roulette. Ses oppositions de lumière sont franches, bien caractérisées et d'une vibration singulière. On sent circuler la séve ; les gazons, chargés de fleurettes, renouvelleraient le conte de « l'homme qui entendait l'herbe pousser. » Pour ma part, je ne vois, dans l'école moderne, d'eaux-fortes qui puissent se comparer à celles-ci pour l'accentuation de l'effet, l'élégance du jet des branches, le modelé accidenté des troncs, la poésie aristocratique du site, que celles de l'œuvre de M. Francis Seymour Haden, le brillant aquafortiste anglais. Mais celles de Huet sont plus théâtrales.

Ce cahier causa une vive surprise. On en parla beaucoup. Mais l'article le plus important fut provoqué, en 1838, par les *Sources de Royat*. Gustave Planche consacra à cette eau-forte, qui a plus d'un demi-mètre de hauteur, un article spécial dans la *Revue des Deux Mondes* (1er février 1838). L'eau,

qui bondit, se brise, écume à travers les
rochers en pente roide, le terrain mouillé,
les maisons qui s'étagent, le ciel surtout léger malgré le ton monté qu'exigeait le rendu
des objets opaques, tout est vraiment sur-
prenant dans cette planche, qui chez nous
n'avait pas de précédents. Cet exemple ne
demeura pas stérile. Jeanron, Marvy, Charles Jacque, Daubigny, s'intéressèrent au procédé et le poussèrent aussi loin que possible.
Daubigny m'a dit qu'il avait composé et
gravé les *Approches de l'Orage,* l'une de ses
meilleures eaux-fortes, sous l'influence de
celles de Paul Huet.

Les dessins sur bois que Paul Huet a
semés dans le *Paul et Virginie* édité par
L. Curmer en 1838, ne sont pas moins
remarquables que ses eaux-fortes. Découpés,
collés sur une marge blanche, ils forment
des petits tableaux d'une coloration auda-
cieuse et réellement forte. Paul Huet n'in-
tervient que dans la seconde moitié de ce
curieux volume. On l'appela pour seconder
L. Marville et Français, qui préparaient les
paysages dans lesquels les frères Johannot

intercalaient d'assez mièvres figurines. Huet s'assura de suite une place indépendante. Il choisit les marines. *L'Ouragan, le Rocher des adieux, la Mer*, avec un vol de mouettes dont les ailes décrivent sur les nuages sombres de grands paraphes clairs, un *Vaisseau* qui marche au soleil levant toutes voiles dehors, l'Océan déferlant avec rage contre la base de ce *Cap malheureux* que le Saint-Géran n'avait pu doubler la veille de son naufrage, ces motifs, dans lesquels l'action ou le pathétique étaient scrupuleusement puisés dans la nature pour marcher de pair avec le texte de Bernardin de Saint-Pierre, sont des merveilles d'effet, de bruit, de mouvement. Huet, dont la touche a souvent été flottante, était tout à fait net dans ses dessins sur bois ; aussi les bons graveurs l'ont-ils étonnamment bien traduit.

Dans *la Chaumière indienne*, Paul Huet n'a qu'une dizaine de bois, Meissonier s'étant réservé avec Steinheil et Français la presque totalité de l'illustration. Un de ces dessins est un chef-d'œuvre d'énergie et de vérité pittoresque ; c'est une allée de bambous battue par le typhon : les eaux du Gange sortent de leur lit et heurtent les troncs noueux, l'avenue ondoie, se tord, se renverse, se relève en gémissant. La scène ainsi comprise est du plus haut dramatique, quoique l'élément pittoresque soit seul en jeu et que l'homme n'y promène pas ses misères.

Huet fut décoré le 22 juin 1841. La Révolution de février et les événements qui lui succédèrent n'altérèrent point son respectueux dévouement pour la famille d'Orléans. Il avait été accueilli avec une familiarité très-touchante par le duc de Montpensier et il avait été nommé professeur de dessin de la duchesse d'Orléans ; mais c'était sans que cela coutât rien à ses principes, qui étaient d'une indépendance absolue. David d'Angers a modelé son médaillon. Les hautes amitiés qui l'ont suivi jusqu'au dernier jour, qui ont pris avec émotion la parole ou la plume à propos de sa mort, font foi de la dignité de ses convictions.

En 1840, Huet avait fait un voyage en Italie. Il y retourna plusieurs fois. Il alla à

Rome, à Florence. Il s'établit même à Nice
pendant plusieurs hivers pour rétablir sa
santé plutôt mal équilibrée que faible. On
voit dans cette exposition-ci les plus typiques
des études à l'aquarelle ou à la plume qu'il
fit dans ces différentes stations. Elles sont
d'un beau caractère, mais, selon moi, elles
n'ajoutent rien à l'âme de son œuvre. Il était
par la rêverie agissante, par l'amour du
brouillard et des longs crépuscules, par l'at-
trait qu'offrait à son caractère un peu sauvage le spectacle de la nature troublée, il
était essentiellement un homme du Nord.

Ce sont les plages et les falaises de la
Normandie, les côtes granitiques de la Bre-
tagne, les vallées de Paris ou de Rouen, —
immenses berceaux au fond desquels, Gar-
gantuas toujours en croissance, les villes
vivent, travaillent, pensent et digèrent, — ce
sont les cratères éteints de l'Auvergne, les
gaves roulant dans les vallées des Pyrénées,
les hauteurs couronnées par des châteaux
en ruines qui répondirent le mieux à son
génie. Son regard allait au delà de la portée
de la vue. Il aimait les vues panoramiques

où l'horizon se joint au ciel, et les éboulements qui redisent les convulsions primitives du monde.

Ses voyages en Hollande, sur les canaux, le long des dunes de la mer du Nord, le charmèrent, mais le servirent peu. Il ne visita l'Angleterre que vers la fin de sa vie, en 1862. Il n'eut le temps d'en rien tirer.

Au Salon de 1848, il obtint une médaille de première classe. Il en reçut une aussi à la suite de l'Exposition universelle de 1855. *L'Inondation de Saint-Cloud*, un des meilleurs tableaux de tout son œuvre, et qui heureusement fut acquis pour le musée du Luxembourg, frappa vivement le jury.

Eugène Delacroix, qui était d'une politesse raffinée, mais peu louangeur, lui écrivait ce billet, le 21 avril : « Mon cher ami, je crois vous faire quelque plaisir en vous parlant de celui que m'ont fait vos tableaux à l'Exposition. Votre grande Inondation est un chef-d'œuvre. Elle pulvérise la recherche des petits effets à la mode, votre Rivière fait également fort bien, et ils sont tous les trois placés de manière à ce qu'ils se donnent une vigueur mutuelle. J'espère que vous serez content de ce que tout le monde vous en dira; car mon jugement est celui que j'ai entendu porter par tous ceux qui vous ont vu. » Delacroix avait fait placer parmi ses propres œuvres un des paysages de Paul Huet. Il soutint cet honneur écrasant.

M. Théophile Gautier, dont les jugements revêtent d'une forme si ample un sens critique si parfait, a dit excellemment de Huet, à propos de ses envois à cette Exposition universelle. « Sa manière se rapproche un peu des décorations d'opéra par la largeur des masses, la profondeur de la perspective et la magie de la lumière. »

Th. Thoré (Bürger), qui a tant aidé l'école moderne pendant sa période d'enfantement, de lutte et de gloire, a marqué aussi dans ses anciens Salons de la sympathie pour Paul Huet. Et Charles Baudelaire a écrit dans son *Salon de 1859*, récemment réimprimé : « Çà et là, de loin en loin, apparaît un talent libre et grand qui n'est plus dans le goût du siècle, M. Paul Huet, par exemple, un *Vieux de la Vieille*, celui-là! (Je puis appliquer aux débris d'une grandeur militante comme le *Romantisme*, déjà si lointain, cette expression familière et grandiose. »

Il a manqué à Paul Huet, ainsi qu'à presque tous les peintres qui suivirent les mêmes voies personnelles que lui, l'occasion d'élargir et d'épurer ses facultés natives par le mâle effort de la peinture décorative. C'était par là que ces maîtres mouvementés, pleins d'imagination, atteignant par le sentiment et par la science des colorations le style qu'une autre école cherchait exclusivement dans la silhouette et la forme, c'est par là que Decamps, Th. Rousseau, Corot, Dupré, Huet, auraient pu doter la France d'œuvres autrement viables que ne le sont leurs tableaux de chevalet. Tous sortaient de chez des maîtres qui leur avaient fait suivre des études d'après la nature humaine. Ils joignaient à cette éducation,—qu'on leur a si longtemps niée en ne s'attachant qu'à dénigrer leurs œuvres de lutte, — ce sincère amour de la nature qui fait l'originalité et la variété. L'école de peinture de 1830 n'a pas pu donner ce que donnait de son côté l'école littéraire. C'est, à en juger par l'infériorité du mouvement soi-disant réaliste qui lui a succédé, et qui flotte aujourd'hui sans pilote et sans but, un malheur irréparable.

En l'absence du gouvernement, dont l'action en ces matières fut trop souvent paralysée par l'Institut, les municipalités, les compagnies et les particuliers auraient dû prendre l'initiative des décorations sur place. Ainsi firent les seigneurs et les marchands dans les républiques italiennes, et l'on sait l'honneur qui a rejailli sur leurs noms pour s'être montrés les Mécènes des grands artistes de leur temps.

Un modeste fabricant de la Normandie, M. Lenormant, demanda, en 1858, à Paul Huet, toute la décoration d'un salon. Huit grands panneaux, strictement combinés pour la place qu'ils devaient occuper et la lumière qu'ils devaient recevoir, ont prouvé combien le talent de Paul Huet se sentait à l'aise dans un mode de peinture où la largeur de la conception et la franchise de l'exécution doivent primer. Ils ont pour titres les *Fabriques*, le *Vieux Château féodal*, les *Herbages*, le *Gué et la Chaumière*, le *Ruisseau*, la *Rentrée au port*, la *Cathédrale* et la *Vie de château*. On voit combien les thèmes sont variés. Les sites choisis sont exquis ; mais ce qui aussi est frappant, c'est le goût et la facilité avec lesquels sont dessinés les personnages. Paul Huet n'avait point perdu le sens de ses études à l'atelier de Guérin et de Gros. Une fois il faillit même sacrifier à l'Académie ! Un de ses tableaux, composé dans le goût des derniers Turner, a pour titre *les Rives fortunées*, et offre au premier plan une scène mythologique. Ce n'est pas ce qu'il a fait de meilleur. A plusieurs Salons, du reste, il envoya des études de paysans, mais en dessin.

Paul Huet eut un certain nombre de tableaux achetés par l'État. Ils sont cachés un peu partout, dans les musées de province, dans les châteaux impériaux, dans les salons de réception des ministères. Le Luxembourg n'expose de lui que *l'Inondation dans le parc de Saint-Cloud*. Nous avons vu dans ce musée, pendant de longues années, une

Lisière de forêt, dont les masses imposantes et les colorations énergiques accusaient la période caractéristique de sa première manière.

Aujourd'hui, si des règlements n'y avaient mis obstacle, le Louvre posséderait le chef-d'œuvre des paysages de Paul Huet, tableau modifié et repeint en 1862 sous ce titre : *Fraîcheur des bois*. Un ruisseau court à travers les mousses veloutées et les cailloux polis d'une clairière. C'est solennel et doux comme l'entrée d'un bois sacré, jamais le maître n'a mieux senti, n'a mieux fait sentir l'âme de la forêt. Il l'avait légué à l'État. L'État l'a refusé par ce qu'il ne veut point accepter avec l'obligation d'exposer. Cependant pourquoi ne point accorder de garanties au donateur? Pourquoi ne pas s'humaniser devant des morceaux hors ligne? Notre Luxembourg, notre Louvre sont-ils donc si riches en œuvres d'élite contemporaines?

A partir d'une certaine époque les acquisitions cessèrent. A l'Exposition universelle de 1867, on lui fit la cruelle injustice de n'accrocher que la moitié des tableaux qu'on lui avait demandés. Les artistes étrangers furent plus courtois que notre administration française, et votèrent au vieil et courageux combattant une première médaille.

Paul Huet, ainsi que presque tous les artistes de sa génération, était lettré, liseur, curieux des choses d'intelligence. Les artistes vivaient alors en plus étroite familiarité avec les hommes de lettres. Il était lié avec le lycanthrope Pétrus Borel, et a dessiné sur bois une vignette pour sa traduction du *Robinson Crusoé*. Il a donné aussi deux bois très-romantiques pour l'édition originale de l'*Isabel de Bavière,* d'Alexandre Dumas.

Il a donné au journal la *Caricature* en 1832 une de ses pages les plus énergiquement sinistres, un cimetière politique. Les hommes d'esprit, de cœur et de talent savaient alors se serrer les coudes.

Paul Huet a écrit des lettres charmantes. M. Ernest Chesneau en a cité quelques-unes adressées à un vieil ami [1]. J'en détache ces traits d'une mélancolie pénétrante :

1. Dans le *Constitutionnel* des 2 et 10 février 1869, à la suite d'un article nécrologique et critique très-cordial

« ... Ne pouvoir plus mettre sur la toile (16 septembre 1859) les quelques pensées que j'ai encore vives et claires dans le cerveau : j'ai peine à m'habituer à cette idée. Deux années de souffrance m'ont rendu bien timide et craintif, et outre le besoin que j'aurais de travailler pour les miens, ce ce n'est pas là tout à fait vivre pour un artiste. Ne vous étonnez donc pas si quelquefois déjà je vous ai écrit des phrases découragées... Vous me parlez de la gloire en noble et bon langage. Vous devriez me dire votre opinion sur cette divinité douteuse que j'aime tant, *inglorius* que je suis et surtout ne sachant pas ce qu'elle est. Vous me mépriseriez moins peut-être ou plutôt vous auriez plus d'indulgence pour mes gémissements inutiles, si je vous disais qu'en mon âme et conscience, la vraie gloire n'est pas tant le bruit que l'expansion la plus complète de la pensée et de la satisfaction de soi-même... Songez combien il y a longtemps que je lutte et si personne a

et très-bien jugé. M. René-Paul Huet, fils du maître et peintre lui-même, compte les publier toutes un jour.

mis plus d'obstination que moi dans cette vie de bouchon de liége toujours renfoncé et toujours à la surface... »

Et plus loin (mars 1863) ces traits mordants : « Oui j'ai envoyé mes toiles, peintures barbares et grossières, à côté des jolies choses qu'on nous donne aujourd'hui. Au moment de se lancer dans cette aventure d'une Exposition, on hésite comme le plongeur qui se jette à l'eau. Nous avons en peinture des gens d'une habileté pratique singulière. C'est fort joli et très-laid, mais effrayant de propreté. En allant me placer auprès de ces toiles si vaporeuses et si tendres, je me sens comme un homme crotté dans le salon d'une duchesse. On peint aujourd'hui comme Mme Guyon écrivait, mais pour dire moins encore. Le pinceau a un moelleux et un fini qui donne aux sujets les plus légers, aux portraits les plus engageants, quelque chose de vaporeux, de tendre et de mystique qui permet à toutes les peintures d'entrer dans les plus discrets boudoirs, de se placer entre un crucifix et les bréviaires les plus légers. C'est l'époque, et pour réussir il faut en être. — Je me console en ayant quelquefois Caton pour moi contre les Dieux du jour... »

Voici encore un trait bien lancé à propos de l'exposition posthume de l'œuvre d'Eugène Delacroix (février 1864) : « L'exposition est magnifique, et l'on commence à proclamer hautement que Delacroix est un grand dessinateur. Les imbéciles ont attendu pour cela l'exhibition d'une copie d'après Raphael, excellente en effet. Pour comprendre que cet homme est un génie supérieur, il a fallu tenir en main la preuve qu'il était capable de faire un *devoir de troisième...* La séduction de l'exposition des dessins est irrésistible. Il faut que les plus rebelles admirent cette flexibilité de talent qui passe de la grâce la plus charmante, de l'exécution la plus adroite, à la grandeur du style, au nerveux de l'exécution, à la beauté sublime du caractère et de la forme... »

Paul Huet a laissé quelques cahiers de notes que son fils, M. Réné-Paul Huet se propose de réunir en volume. Il m'a permis d'y puiser. Voici trois fragments caractéristiques.

« ... Toute dénomination d'école est fâcheuse quand elle n'est pas simplement absurde. C'est un drapeau de guerre civile qui sert au moment du combat, et qui perd sa signification lorsque le feu cesse. Souvent on ne s'est pas bien entendu sur ce qu'il voulait dire même pendant l'action. »

« ...L'école Casimir Delavigne semble avoir trouvé et introduit le mot *bon sens*. Le mot *bon sens* est un mot qui plaît tout d'abord. Malheureusement, c'est souvent un passeport de l'impuissance près de la médiocrité. On remplace volontiers l'audace, l'imagination, la couleur, l'invention, le caractère, la fougue ou la force par le *bon sens*. Tout le monde l'aime et en veut avoir. Les vrais maîtres en ont toujours, seulement ce n'est pas le *bon sens* de tout le monde. »

« ... Comme les belles mélodies, la nature, en effet, entraîne l'imagination dans l'infini. Suivant les dispositions de notre âme, elle nous charme ou nous terrifie, nous console ou nous attriste. Elle nous fait assister à ses drames comme à ses fêtes, et c'est avec raison que les poëtes ont comparé sa grande

harmonie à celle d'un immense et divin cla-
vier... »

M. Michelet n'avait-il pas raison d'écrire,
au lendemain de la mort de son vieil ami :
« c'était plus qu'un pinceau. C'était une
âme, un charmant esprit, un cœur tendre
et beaucoup trop. Hélas! »

Malgré ses succès incontestés aux derniers Salons, à la surprise générale, il ne
put passer officier dans la Légion d'honneur. « Je n'ai jamais su faire mes affaires,
écrivait-il à un ami, et je n'apprendrai guère
aujourd'hui. Une fierté maladroite, un mouvement de timidité un peu orgueilleuse
(l'orgueil, vous le savez, marche derrière la
timidité) a indisposé contre moi une des
rares influences qui me veulent quelque
bien, et j'ai su, d'un homme bienveillant,
me faire un ennemi que je sens d'une façon
indéfinissable, comme certain air qu'on ne
touche pas. Je ne puis aujourd'hui que de-
mander un peu de calme et de santé pour
mettre à profit les dernières années qui me
restent, et ne point souffrir d'une persécu-
tion qui se fait sentir dans les petites occa-

sions. Ce qu'il faut surtout, c'est la santé, le bonheur de ceux qui nous entourent. »

Cette santé qu'il désirait pour lui et pour les siens, il ne la reconquit jamais complément. Je n'ai vu Paul Huet que depuis une dizaine d'années. De taille moyenne, un peu voûté, le visage couperosé s'enlevant en vigueur sur une barbe très-blanche, il paraissait fatigué avant l'âge, et toute son énergie était dans l'éclat de ses yeux fins, hardis et timides à la fois. Auguste Préault a mis sur sa pierre tombale un médaillon saisissant de passion.

Rien ne faisait prévoir l'imminence du coup qui l'enleva brutalement à ses amis et à sa famille. Il tomba, le 9 janvier 1869, foudroyé par une attaque d'apoplexie. Le matin même il avait travaillé au ciel du tableau qui couronne si dignement sa carrière de peintre.

Paul Huet restera par ses œuvres. Il marquera surtout dans l'histoire de l'art de notre époque par la part qu'il a prise aux premiers mouvements de la Renaissance romantique.

Il entrevit, alors qu'on ne peignait plus, que le propre d'un peintre est de savoir peindre.

Il est le premier en date de nos paysagistes lyriques. Il y avait en lui plus du précurseur que du révolutionnaire. Par les épisodes qu'il introduisait dans ses compositions, par la tendance à l'effet, il s'est montré plus littéraire que hardiment paysagiste. Il a parfois plutôt cherché des sujets de composition qu'il ne s'est abandonné à la grandeur, à l'autorité du spectacle. Mais il a été à son moment audacieux, sincère toujours, souvent grand.

La maladie a souvent trahi ses forces, mais n'a jamais abattu son courage. Il a toujours été sur la brèche des expositions, alors qu'absent il ne pouvait soutenir en personne ses intérêts et que, dans ces dernières années surtout, un injuste silence se faisait autour de ses œuvres. On peut le surprendre parfois fatigué et absorbé, mais on n'oubliera pas que les puissantes frondaisons de l'école contemporaine ont poussé dans le sol qu'avait déblayé et labouré Paul Huet.

LES EAUX-FORTES

Outre leur valeur d'art particulière, les eaux-fortes de Paul Huet offrent un vif intérêt par la date à laquelle les premières ont été mordues. L'eau-forte, procédé vif, coloré, alerte, permettant à l'artiste d'inciser sa pensée avec plus d'énergie qu'il ne le peut sur la pierre lithographique, aurait dû tenter un plus grand nombre des maîtres de la pléiade romantique. Je n'en connais qu'une seule de Bonington, quelques-unes d'Eugène Delacroix et de Decamps, une d'Ary Scheffer... Sans doute la difficulté du procédé les arrêta. Ils ne mirent guère sur le cuivre que des croquis plus ou moins rapides. Ils ne demandèrent pas à l'attaque de la pointe sur le vernis, à la morsure, aux remorsures, aux retouches avec la pointe sèche toutes les ressources de noirs différents et de gris que réserve l'emploi successif de ces moyens techniques.

Paul Huet seul s'acharna. Il ne recula pas devant des cuivres de dimensions considérables; il ne se rebuta pas devant les ennuis que ne surmontent généralement point les peintres, alors que les premiers essais ou les premiers états n'ont pas rendu exactement ce qu'ils avaient rêvé. Ce qui est surtout remarquable, c'est que Paul Huet, lorsqu'il connut à fond le métier, ne refroidit cependant point son travail; il lui, conserva toujours cette allure pittoresque, savamment abandonnée, qui est la marque des bonnes eaux-fortes de peintres.

Un de ses premiers essais assurément est un léger croquis à l'eau-forte pure, un « Chemin en Normandie[1], » qui débouche sur une vallée; à gauche s'élèvent trois

---

1. Ici, comme pour les lithographies et les bois, j'imprime entre guillemets les titres qui ne figurent pas sur la pièce, et en italique ceux qu'on lit dans la marge.

arbres frêles et extrêmement hauts ; le ciel est traité largement, mais on sent une main plus habituée au maniement de la plume qu'à celui de la pointe. (H. o^m,11. L. o^m,6.)

Peut-être la copie, d'après Israel Silvestre ou Pérelle, d'un « Château de Versailles sous Louis XIII » a-t-elle précédé? Au milieu d'une vaste allée traversant un jardin à la française, et menant jusqu'au château dont le pavillon central est couvert d'un dôme, se promènent des seigneurs et des dames. Les bonshommes sont pauvrement dessinés et il n'y a aucun effet. Cela a dû paraître dans quelque journal ou en tête de quelque livre. (L. o^m,16. H. o^m,11.)

Au contraire, une réduction du « Paysage aux trois arbres, » de Rembrandt, indique que Paul Huet savait alors dessiner avec certitude et pousser au bout l'effet cherché. Cette copie, venue, à l'impression, en sens inverse de l'original, est faite sur la marge inférieure d'un grand cuivre. (L. o^m,10, H. o^m,07.)

Je place encore dans les premières une petite eau-forte pure, représentant une

« Cour de ferme en Picardie. » Les toits descendent presque jusqu'à terre ; à gauche, derrière la maison, il y a un grand arbre et, au premier plan, une mare. Le tout est gravé d'une pointe très-fine, sans maigreur cependant. Dans une épreuve d'essai, le ciel est plus marqué que dans l'état définitif. (L. o^m,14, H. o^m,09.)

M. René-Paul Huet a désigné comme datant de 1830 une jolie pièce, un peu plus accentuée que la précédente, une « Saulée dans les environs de Paris. » A droite, une claire rivière avec des saules en pleine lumière, au milieu un chemin qui longe un petit bois. Mais, à gauche, n'est-ce pas plutôt un vaste marais qu'une prairie? — Le cuivre existe encore et donne de bonnes épreuves, mais moins délicates. (L. o^m,23. H. o^m,12.)

La « Maison du garde, forêt de Compiègne, » celle-là même qui orne cette *Notice*, est plus caractéristique de la manière ordinaire de Paul Huet. L'effet est plus poussé. J'en possède une épreuve d'essai avec les marges non nettoyées (H. o^m,18,

L. o^m,13.) Le cuivre existe, mais les marges ont été réduites presque jusqu'au bord de la composition.

On trouve, dans le *Musée* d'Alexandre Decamps (1834), au milieu d'eaux-fortes par Decamps, Delacroix, Célestin Nanteuil, Cabat, Barye et autres, une *Vue générale d'Avignon.* C'est la reproduction du tableau que Huet avait au Salon de cette année. La vue est prise d'un endroit élevé, et l'œil, après avoir franchi des toits à tuiles en canaux, rencontre le fleuve, et, au delà, la ville, la campagne et des montagnes à l'horizon. (L. o^m,26. H. o^m,18.) Les amateurs doivent se tenir en garde contre un report sur pierre très-trompeur qui en fut fait par le procédé Delaunois, et qui accompagne les exemplaires courants.

La série capitale de l'œuvre de Huet parut l'année suivante. *Six Eaux-fortes, par P. Huet. Publié par Rittner et Goupil, boulevard Montmartre, 15. 1835.* Toutes les pièces sont en largeur. Pour titre, et se répétant sur une couverture café au lait, un jeune garçon aux longs cheveux bouclés, en manches de chemise, étendu sur un tertre, feuillète distraitement un album; un levrier noir tourne sa tête vers lui. De l'ombre, un peu d'eau, une longue allée qui s'enfonce sous les arbres. Lapins, héron qui s'envole, écureuil qui g ⁓⁓e une noisette, oiseaux qui s'égosillent. Tout au fond, cerfs sur des rochers. C'est l'idéal du parc *romantique*. Il existe, de cette belle et fine planche, une épreuve d'eau-forte pure, avant la mise à l'effet à l'aide de la roulette.

N⁰ 1. « Le Héron ». Il guette des grenouilles dans un cours d'eau qui fuit sous des arbres énormes; à gauche, un ours en embuscade. — De cette planche et des suivantes, il existe une suite d'épreuves avant le numéro. — N⁰ 2 « l'Inondation », souvenir de l'île Séguin ou du parc de Saint-Cloud. La nature est encore en tourmente; une large ondée tombe comme un rideau gris, tandis que le soleil qui a percé les nuages frappe le pied d'un magnifique bouquet de hêtres. — N⁰ 3. « La Maison du Garde » sur le bord d'une forêt. C'est la reproduction, à peine modifiée dans la disposition générale, mais bien plus nerveuse, d'un grand tableau qu'il avait peint en 1826. — N° 4. « Les Deux Chaumières » au pied d'un bouquet, sur un tertre. L'une est vue de pignon, l'autre de profil fuyant ; sur le premier plan, des canards s'ébattent dans une mare. — Il existe des épreuves d'essai de l'eau-forte pure avant la mise à l'effet avec la roulette qui a alourdi l'ensemble. — N° 5. « Le Braconnier ». Il est à l'affût sur le tronc d'un énorme saule pleureur qui surplombe une rivière aux bords boisés. — N° 6. « Un Pont en Auvergne ». Il enjambe un torrent, dans un pays boisé et rocheux qui rappelle Royat et ses environs.

Cette suite est généralement signée et datée dans l'angle supérieur : *Paul Huet, 1833* ou *1834*. Les belles épreuves portent le timbre sec de la maison Rittner et Goupil. Les cuivres existent encore, mais fatigués.

Vraisemblablement, Paul Huet préméditait la publication d'un second cahier. Les quelques grandes planches dont son fils possède les cuivres, et dont il vient de mettre en vente un tirage, en font foi. Le *Château des Papes, à Avignon* est daté 1834. Cette vue du Château des Papes est prise d'une terrasse extérieure aujourd'hui nivelée et bâtie. Elle est d'une très-fière allure. — Il en existe des épreuves avant les contretailles sur les terrains. (L. 0^m,31, H. 0^m, 22.)

Je trouve encore, gravée vers cette même époque, une « Vue générale de Rouen, » sous un ciel très-lumineux, dans lequel courent de grandes vapeurs blanches. — (L. 0^m,18. H. 0^m,15.)

Un « Orage au Mont-Dore » est un essai de gravure à la manière noire qui rappelle les gravures d'après Martinn. Un grand éclair illumine les nuages qui roulent lourdement sur la cime des montagnes. (L, 0^m,20. H. 0^m,15.)

La « Grande Marée d'équinoxe, » qui bat furieusement une jetée sur les côtes d'Honfleur, avec des falaises basses mourant à l'horizon dans la brume, répète un tableau du Salon de 1838, et parut dans un journal de Rouen dont j'ignore le titre. C'est une des plus franches eaux-fortes de Huet, et, ainsi qu'il arrive d'ordinaire, les belles épreuves en sont fort rares. Celles-ci sont avant les contre-tailles à la pointe sèche dans les parties claires du ciel au-dessus des arbres. Le cuivre existe. (L. o^m,18. H. o^m,13.)

Le grand succès de Huet lui vint, nous l'avons dit plus haut, par ses *Sources de Royat*. Les dimensions insolites du cuivre (H. o^m,55. L. o^m,45) sont faites pour surprendre. Huet a extraordinairement bien rendu la course désordonnée de l'eau à travers les blocs de basalte, sa limpidité, son bruit. Les terrains, les arbres, le ciel, tout est d'accord. C'est un noble et brillant paysage. Il mérite de rester. — Les belles épreuves anciennes furent imprimées chez Bertault et portent dans un timbre sec ovale le nom de *Huet*. Il en existe avant toute lettre et générale-ment elles sont sur chine. Le cuivre existe encore.

Le « Fourré, » ou ainsi que M. Réné-Paul Huet l'a désigné, « l'Entrée de forêt » (1838), est une robuste étude de chênes cente-naires. A droite, par-dessus les cimes, on plonge sur une vallée. Les braconniers qui débouchent ont trop d'importance et rappellent les faux pauvres de Charlet. — Huet a gâté cette planche en la mettant à l'effet avec la roulette. Il faut l'avoir en eau-forte pure. (L. 0^m,32. H. 0^m,24.)

La « Vue de Spolète, » nid d'aigle féodal sur un massif abrupt, a subi aussi des retouches générales. (L. 0^m,26. H. 0^m,17.)

Heureusement, les « Rochers sur la route de Nice, » avec des paysans gardant un troupeau de chèvres, ont conservé intacte la vivacité de l'eau-forte. (L. 0^m,20. H. 0^m,15.)

Le « Ruisseau de Saint-Pierre, » près de Pierrefonds, qui sort d'une forêt opaque, devait aussi faire partie d'un second cahier digne du premier, et d'un dessin plus ferme. (L. 0^m,33, H. 0^m,23.) — Les « Vaux de Cernay » rendent très-exactement, et dans le sens le plus poétique, ce coin si exquis et si peu connu des environs de Paris, où l'on rencontre en une demi-heure une réduction de la forêt de Fontainebleau, ses fourrés ses grands arbres, ses rochers couleur gris de perle, et — ce qui lui manque — un ruisseau débouchant dans une vallée verdoyante.

(L. 0^m,21, H. 0^m,15). — La « Chaumière normande » était encore pour le second cahier. On voit à droite, sur un monticule, les ruines du château d'Arques. (L. 0^m,34. H. 0^m,34.)

On trouvera dans le second tome des *Beaux-Arts,* édités par L. Curmer (1843), un beau paysage composé, *le Midi;* une baigneuse nue, sur la rive d'un lac ombreux, forme l'épisode principal. Il y a eu au moins trois états avant divers travaux sur le corps de la nymphe ou sur les arbres formant arcade. (L. 0^m,30. H. 0^m,23). — Dans le *Bulletin de l'Ami des Arts,* publié par J. Techener, un chevreuil sous bois venant boire à un ruisseau. Le titre est : *un Croquis* (1844). Les épreuves d'essai, avec le chevreuil presque blanc, sont exquises. (H. 0^m,18, L. 0^m,15.)

De 1865 à 1868, Paul Huet a gravé les pièces suivantes que je ne décrirai pas en détail, tout le monde pouvant s'en procurer facilement des épreuves : « Chaumières de l'ancien Trouville, » longées par un chemin où passent des vaches. — « Cour normande dans la vallée d'Auge, » verger luxuriant pris dans une ceinture de grands ormes. — « Vieilles Maisons sur l'ancien port de Honfleur » (épreuves d'essai avec les maisons à gauche d'un ton beaucoup plus léger). — *Près de Fontainebleau*, lisière de forêt, publié par la *Société des Aquafortistes* (premiers états avec les fonds très-gris·. — *Vue prise dans le bois de La Haye*, d'après son tableau du Salon de 1866, publié dans la *Gazette des Beaux-Arts*, t. XXIII. — « Soirée d'été, les Baigneuses, » d'après son tableau exposé au Salon de 1867 (il y a eu plusieurs états successifs). — « Le Cavalier, » d'après un tableau de 1831, qui avait pour titre un *Orage à la fin du jour*. C'est la dernière planche qu'ait gravée Paul Huet.

M. René-Paul Huet a fait exécuter récemment un tirage des cuivres de son père. L'album est en vente chez les éditeurs Goupil et Cie. En voici le détail :

Maison de garde à Compiègne.

Saulée, environs de Paris.

Le Château des Papes, à Avignon.

Orage au Mont-Dore, Auvergne (manière noire).

Vue générale de Rouen.

La Marée d'équinoxe à Honfleur, d'après le tableau exposé au Salon de 1838.

Vue de Spolète, Italie (manière noire).

Rochers près de Nice, route de la corniche.

Ruisseau de Saint-Pierre, près Pierrefonds.

Les Vaux de Cernay.

Entrée de forêt.

Chaumière normande, ruines du château d'Arques dans le fond.

Chaumière de l'ancien Trouville.

Une Cour normande dans la vallée d'Auge.

Vieilles maisons sur l'ancien port de Honfleur.

Soirée d'été, les Baigneuses, d'après le tableau exposé au Salon de 1867.

Le Cavalier, d'après le tableau exposé au Salon de 1831.

Elles se vendent réunies dans un carton spécial, mais non divisées.

5

LES LITHOGRAPHIES

Ainsi que je l'ai dit, les premières litho-graphies de Huet ont dû paraître dans des recueils ou chez des éditeurs aujourd'hui inconnus. Quelque soin que j'y aie mis, depuis plusieurs années, et quelques recher-ches que j'aie faites dans les cartons qu'a conservés son fils, je suis loin d'avoir vu toutes les lithographies de Paul Huet, et je serais reconnaissant aux amateurs qui vou-draient bien m'aider à compléter cet essai de catalogue.

La première en date de ces lithographies est, je crois, une vue qui a pour titre : *Ver-sailles, Seine-et-Oise* (Huet, lith., à Paris, chez Benard, rue des Martyrs, 65. — Lith.

Boissy). La vue est prise d'un endroit élevé :
à gauche, un chemin boisé et les faubourgs
de la ville ; à droite, au fond, le château en
pleine lumière (L. 0,28^c, H. 0,18^c.)

Puis vient peut-être un cahier de croquis
en largeur (Huet del., lith. de Frey, rue
du Croissant, 20) dont je ne connais que des
fragments.

Je vois sur la feuille n° 1 : des paysannes
normandes dans une rue ; un chariot picard
attelé de quatre chevaux ; un cheval, vu
par derrière, avec des paniers chargés de
pommes ; une chaumière dans le bois ; une
vieille paysanne s'éloignant. Dans la feuille
n° 2, un chasseur étendu sur l'herbe ; un
gentleman à cheval ; une jeune mère jouant
avec ses enfants dans un parc ; trois petits
paysage ; un petit port de mer ; des paysans
assis sur une falaises ; des laveuses. Cette
suite parut à Paris, chez Goupil et Rittner,
et à Londres, chez Charles Tilt, en 1827.

La première suite que je connaisse complète a pour titre : *Paysage, par Paul Huet,
1829;* ces mots gravés sur une roche dont
le pied baignant dans l'eau est envahie par

les frondaisons. « Imprimé et publié par Ch. Motte, lithographe de LL. AA. RR. Mgr le duc d'Orléans et Mgr le duc de Chartres; à Paris, rue des Marais, 13, faubourg Saint-Germain. » Le dépôt fut fait et approuvé en février 1830. N° 1, *les Braconniers;* on en voit un seul, caché derrière le tronc d'un gros hêtre; n° 2, *la Maison du Maréchal,* une double chaumière sur un tertre; n° 3, *le Soir,* effet de crépuscule tombant sur une chaumière; n° 4, *le Clocher de Honfleur;* au premier plan, une route descendant vers la ville; n° 5, *les Ormeaux,* un bouquet d'arbres élancés du plus gracieux effet; n° 6, *le Ruisseau;* une vieille mendiante le traverse sur un pont de bois; n° 7, *le Crépuscule;* une femme est assise sous un arbre, la lune apparaît; type de paysage romantique; n° 8, *l'Entrée du bois;* un garde est suivi de deux bassets; n° 9, *la Plage;* la marée basse laisse les barques à sec; n° 10, *le Matin,* pêcheurs causant à marée basse sur la grève encore tout humide; n° 11, *Gros temps,* plusieurs barques sont en péril; n° 12, *la Prairie,* un haras avec des chevaux au repos. — Toutes ces pièces, dont les n°s 1 , 3 , 5 et 7 sont en largeur, sont circonscrites d'un quadruple trait carré. On lit, dans un des angles supérieurs, la lettre A, et dans l'autre le numéro. Outre le titre, il y a au bas l'adresse de Motte, à Paris, et à Londres, 29, Bedford-street, Covent Garden. Les belles épreuves, sur chine, portent toutes le timbre sec de l'imprimerie C. Motte. — Ces deux lignes d'adresses ont été affacées postérieurement dans un tirage fait par l'imprimerie Caboche et Cie, et qui est très-inférieur. Le nom de Paul Huet a été effacé aussi, puis reporté plus bas que le dernier trait carré.

Quelques pièces isolées, que j'ai sous les yeux, ont dû être destinées à cette suite, puisqu'elles portent également la lettre A et sont de mêmes dimensions générales in-8°. Mais quel motif a pu les faire refuser? Elles ont tout autant d'effet et d'agrément que les autres. N° 4, *Campagne de Paris,* âne et paysan couchés ; tout au loin les tours jumelles de Notre-Dame; n° 5, *la Fabrique,* au premier plan un abreuvoir. Cette pièce a paru, en 1836, dans *le Monde dramatique*, t. III, p. 183, mais fatiguée, le titre effacé et avec l'adresse de Caboche et Cie. — «Intérieur de forêt, » des lapins jouent auprès du tronc d'un gros arbre abattu; n° 6, *le Marais*, au premier plan un homme assis dans les hautes herbes, plus loin un hameau.

La seconde suite complète a pour titre : *Huit sujets de paysage par Paul Huet :* c'est écrit sur un rideau noué à deux arbres; à terre, une palette. Au bas : « Publiée par Gihaut frères, éditeurs, boulevard des Italiens, 5. » N° 1, *Pont dans les bois;* n° 2, *Ruines d'un vieux château sur les bords d'une rivière;* n° 3, *Contrebandiers conduisant des mulets dans une forêt;* Huet a peint cette composition sous le titre *les Braconniers*, en mettant un fusil de chasse dans la main de l'homme qui conduit le premier mulet et en accrochant du gibier à la selle; n° 4, *les Collines de Saint-Sauveur :* effet de lumière localisée sur le point central du paysage; n° 5, *le Plateau*, point de vue sur une vaste vallée; n° 6, *Plein soleil*, effet de lumière dans une campagne accidentée; n° 7, *Maison de campagne dans les bois;* n° 8, *Vue de Rouen,* au premier plan, deux femmes assises et un enfant. — De ces sujets, les n°s 3 et 7 sont seuls en hauteur; tous sont circonscrits d'un double trait carré, portant un numéro d'ordre, le nom de P. Huet et l'adresse des éditeurs.

Six marines. « Lithographiées d'après nature par P. Huet, en 1832. Paris, publié par Morlot, galerie Vivienne, n° 26; Londres, published by M. Dean, 26, Hay Market. » *Le Calme,* pêcheurs en barque; *la Brise,* une barque va rejoindre une goëlette; *Arrivée des barques,* les marchands de marée les entourent à mesure qu'elles touchent terre; *Saint-Valery-sur-Somme,* au premier plan, pêcheur debout adossé à une barque à sec; *Environs de Rouen,* un bateau à quai, prêt à prendre la mer; *Souvenir de Fécamp,* berges très-escarpées, un bateau est étayé par le flanc. — Toutes ces lithographies, dont les deux dernières seules sont en hauteur, sont circonscrites d'un triple trait carré, portent le nom de P. Huet, de l'imp. C. Motte, la double adresse, à Paris et à Londres, des éditeurs. Les belles épreuves sont marquées du timbre sec de V. Morlot.

En cette même année 1832, Paul Huet donne au journal *la Caricature*, dont les sentiments républicains s'affirmaient avec une extrême énergie, une composition très-hardie et très-émouvante. Elle a pour titre : « *Amnistie pleine et entière accordée par la* « *mort en 1832, sous le règne de très-haut,* « *très-puissant, très-excellent Louis-Philippe.* Dessiné par***. Inventé à Sainte-Pélagie par Ch. Philippon. N° 105, pl. 215-16. 8 novembre 1832. » C'est une grande vue du cimetière du Père-Lachaise, au clair de lune. L'œil franchit la vallée funèbre et rencontre la silhouette des grands monuments de Paris. Le terrain, coupé d'ombres sinistres, est jonché de couronnes funéraires, de crânes, d'os de morts, de pierres tumulaires sur lesquelles on lit les noms des républicains tués dans la rue ou morts à Sainte-Pélagie. Plus tard il y eut un nouveau tirage et, les lois de septembre ne tolérant plus à la pensée qu'une liberté révisée par la police, l'éditeur effaça les mots qui suivent. . *en 1832*. La pierre était alors très-fatiguée.

Paul Huet a collaboré au journal *l'Artiste* presque dès sa fondation par Ricourt, en 1831. J'y trouve dans le premier volume une *Vue du Château-Gaillard*, reproduction d'un de ses tableaux au Salon (lith. de Lemercier, rue du Four-Saint-Germain, n° 36. Dans un deuxième tirage, très-inférieur, cette adresse est effacée.) — Le *Bénitier*, une paysanne et des enfants autour d'un bénitier moyen âge. En 1832, t. II, p. 160. — *Terrasse de Saint-Cloud*, reproduction d'un de ses tableaux au Salon de 1833 (t. V, p. 168, lith. de Ch. Motte); — *Vue du château d'Eu*, reproduction d'un de ses tableaux au Salon de 1834 (lith. de Frey).

Outre la lithographie que j'ai mentionnée, on trouvera encore dans *le Monde dramatique* (t. III, 1836) un délicieux paysage qui a pour titre *Fantaisie :* une fillette cause avec un pêcheur, et, à travers l'arcade de verdure que forment les saules, on aperçoit sur l'autre rive le clocher et les toits d'un village.